# ÉLOGE

## FUNÈBRE

### DE

# CHARLES-EMMANUEL LECLERC,

## CAPITAINE-GÉNÉRAL, COMMANDANT

## L'ISLE SAINT-DOMINGUE.

P**RONONCÉ** *dans l'Église-Majeure de St. Martin, de Marseille, le 26 Pluviôse, an* II, ( 15 *Février* 1803 ), *par M.* J**ERÔME**-M**ARIE** **CHAMPION** DE **CICÉ**, *Archevêque d'Aix et d'Arles.*

# ÉLOGE FUNÈBRE

## DE

## CHARLES-EMMANUEL LECLERC,

## COMMANDANT L'ISLE SAINT-DOMINGUE.

*Gustans , gustavi paululùm . . . . . . et ecce morior.*

Je n'ai joui qu'un moment du bonheur et de la gloire , et voilà que je meurs.

*Liv. des Rois.*

C'est donc là, Chrétiens mes Frères, que viennent aboutir les plus belles destinées ! Les talens distingués, le mérite et la fortune ne peuvent procurer qu'une jouissance courte et passagère, et alors même que la carrière des hommes favorisés de ces dons précieux se prolonge au-delà des bornes communes, ce n'est toutefois qu'un point imperceptible entre l'éternité qui le précède, et l'éternité qui le suit. *Vapor est ad modicum pareas.*

C'est à ce point, cependant, que se terminent toutes les grandeurs et les prospérités, auxquelles le monde attache tant de prix : les prérogatives du génie, la valeur et le pouvoir captivent pour un temps notre admiration, mais ne peuvent rien contre la mort.

Elle a frappé du coup le plus imprévu le Général, dont les dépouilles mortelles nous réunissent dans ce Temple, pour payer un juste tribut à sa mémoire, et pour implorer sur lui les miséricordes du Ciel.

Charles-Emmanuel Leclerc avait mérité, dès sa première jeunesse, les distinctions de son état, sa fortune ne pouvait être un objet d'envie ; elle était entièrement le fruit de sa bravoure et de ses talents ; la Patrie attendait de sa jeunesse de grands et importans services.... Cependant cette tige précieuse est tout-à-coup desséchée, et n'est plus pour nous qu'un sujet de regrets. *Gustans, gustavi paululùm.... et ecce morior.*

( 5 )

Mais devons-nous nous borner, mes Frères, à ces tristes réflexions ? Ce sont les seules qu'un pareil spectacle suggère aux hommes malheureux, qui ne voient que le néant au-delà de la vie présente, et qui comme le dit le St. Apôtre, ont renoncé à toutes les consolations de l'espérance, malheureux en effet, puisque les suites de leur déplorable opinion sont de décolorer à leurs yeux toutes les actions de notre vie, de les soumettre toutes aux combinaisons d'un honteux égoïsme, de détruire tout encouragement à la vertu, et de ne faire envisager qu'avec effroi le passage de cette vie dans l'éternité.

Pour nous, Chrétiens mes Frères, instruits, comme nous le sommes, dans la doctrine pure et consolante de l'Evangile, la considération de la mort n'est point un sujet de désespoir, nous savons qu'un jugement redoutable nous attend, mais la miséricorde de Dieu est assurée au pécheur pénitent, et l'Oracle divin a promis à l'homme juste une vie éternellement heureuse.

Doctrine également précieuse pour la Patrie, puisque d'une part elle oppose au vice le frein le plus efficace, et que de l'autre, elle présente aux ames élevées les plus puissans motifs d'émulation.

A 3

Les services rendus à la Patrie, se composent de tant et de si grands sacrifices, qu'on les attendrait vainement de ceux qui ne considèrent pour rien les espérances d'une autre vie.

Une pompe funèbre, et des éloges qui se confondent bientôt, et se perdent dans le tumulte des intérêts dont la Société est agitée, sont le seul tribut que nous pouvons faibles mortels que nous sommes, rendre à la mémoire de nos Héros.

Vous le savez, mes Frères, c'est l'immortalité qui est le but des grandes ames : elles ne peuvent l'espérer des efforts du monde, dont toutes les œuvres sont périssables comme lui, et la Patrie ne serait bientôt plus qu'un vain nom, si la Religion ne l'environnait de toute son influence.

C'est donc à la Religion réunie à la Patrie, qu'il appartient sur-tout de célébrer nos Héros. La Patrie leur décerne ses éloges, et vient arroser leur tombeau de ses pleurs. La Religion proclame leurs hauts faits au pied du Trône de l'Eternel, elle les lui offre au nom de la Patrie reconnaissante, elle en sollicite par ses prières la récompense dans l'éternité.

C'est encore à notre invincible Consul, que nous devons une réunion aussi consolante.

Ah ! pourquoi faut-il que la première Solemnité de ce genre, ait pour objet un Général si particulièrement cher à Bonaparte ? Un Général dont il avait assez prisé le caractère et les talents, pour l'attacher à lui par une étroite alliance, en lui donnant sa propre sœur pour épouse.

Vous l'avez permis, ô mon Dieu, mais vous savez qu'en affligeant le cœur du Chef auguste de la Nation, vous affligez également celui de tous les Français, qui ne voulant plus séparer leur bonheur du sien, appèlent sur lui, par leurs vœux, toutes vos bénédictions.

Le choix de Bonaparte, était un sûr garant du mérite de CHARLES-EMMANUEL.

Au premier son de la trompette guerrière, le jeune CHARLES s'était rangé sous les drapeaux des défenseurs de la Patrie : ses services commencèrent avec les dangers de l'Etat ; ils ne devaient point avoir d'autre terme.

Distingué dès le premier moment par son intrépide valeur, il ne tarda pas de l'être par son talent ; aussi fut-il choisi, malgré sa jeunesse, pour remplir les fonctions importantes d'Adjudant-Général dans l'Armée, qui avait ordre de recouvrer la ville de Toulon.

Ses succès ne firent qu'accroître son ar-

A 4

deur pour courir après de nouveaux hasards. La Campagne d'Italie , fruit d'une profonde combinaison , était prête à s'ouvrir ; c'était en Italie que devait être fixé le destin de l'Europe. A la voix de Bonaparte , qui seul a conçu tous les moyens de la faire réussir , une nombreuse Armée se rassemble en un instant , et parvient au pied des Alpes.

C'est là que l'ambition de LECLERC le fait voler : il obtient d'y faire aggréer ses services.

Les obstacles qui s'opposaient au progrès de nos Armées , les périls qu'il fallait courir , étaient capables d'effrayer les plus intrépides ; mais est-il d'obstacles ou de dangers que ne surmontent nos invincibles Légions et nos braves Conscrits ?

Un instant leur suffit pour gravir les monts hérissés de glace , pour braver la rigueur d'un hiver éternel, et pour se former en Armée sur le sommet de montagnes réputées inaccessibles.

Le succès de la Campagne semblait dépendre de l'attaque du Mont - Cénis, et dans la foule de nos braves guerriers , CHARLES est choisi pour la faire réussir.

L'ennemi souriait encore à la vue d'une entreprise qu'il traitait de chimère , et déjà par une marche et des combats , où tout tient du prodige, l'Armée Française était parvenue au cœur de l'Italie.

Qui pût douter alors, que le Dieu des Armées ne protégeat visiblement Bonaparte ?

LECLERC élevé au rang de Général de Brigade, prit une part distinguée dans les victoires qui signalèrent cette Campagne à jamais mémorable, il justifia de plus en plus la haute opinion qu'avait conçue de lui, le discernement infaillible du premier Consul.

La battaille décisive de Maringo, où la victoire fut si long-temps balancée, où la valeur Française seconda si bien la tactique, força enfin l'ennemi à l'armistice de Leoben, qui fut le premier présage de la paix générale.

Il convenait que la nouvelle en fut portée dans la Capitale, par un des guerriers qui s'étaient le plus distingués. LECLERC fut choisi pour cette honorable mission.

Mais à peine l'a-t-il remplie, qu'il revole à l'Armée d'Italie sous les ordres du Général Berthier et du Général Brune, et y exerce les importantes fonctions de Chef de l'Etat-Major.

Le sort de l'Italie semblait fixé, mais de grands obstacles restaient encore à la paix du continent. La Maison d'Autriche séduite, et entraînée par des vaines espérances fait un nouvel effort. L'illustre Archiduc à qui elle confie son Armée, ranime sa confiance et celle des peuples ; mais Moreau s'avance, LECLERC l'accompagne, car il doit se trouver par-tout où il y a des palmes à cueillir, la victoire reste constamment fidèle à notre Armée ; une Place forte semble pouvoir arrêter ses progrès : un Prince de la Maison d'Autriche s'y enferme pour la mieux défendre ; mais LECLERC est chargé du siège, et emporte de vive force la Forteresse de Landshut.

L'Allemagne et l'Italie ainsi pacifiées, que va devenir cette ame impatiente du repos ? Où ira désormais CHARLES - EMMANUEL chercher de périlleux hasards, et satisfaire sa généreuse émulation ?

Le génie de Bonaparte lui ouvre une nouvelle carrière. Il s'agit d'assaillir l'Angleterre, de combattre à la fois les élémens, un peuple fier, et la marine la plus formidable de l'Univers.

LECLERC est chargé de seconder le Général Kilmaine dans cette grande entreprise.

Mais la valeur Française dut s'arrêter là ; des négociations commencées sous de meilleurs auspices, firent espérer aux peuples les bénédictions de la paix. Les talens de Charles-Emmanuel furent employés au ré-

tablissement de la tranquillité dans l'inté-
rieur ; il y fit briller les qualités qu'exigeait
cette mission importante. L'activité , la
prudence, la justice et la fermeté.

Tant de services lui méritèrent, à juste
titre, le rang de Général de Division.

Par une suite de l'heureuse destinée qui lui
avait fait prendre part à toutes les époques
de la guerre, et en partager la gloire, ce fut
lui à qui fut confiée la conduite d'une Armée contre le Portugal ; cette mesure avait
pour objet de terminer entièrement les dé-
bats qui agitaient encore l'Europe. Il s'a-
gissait de traverser toute l'Espagne, alliée
de la France, pour aller trouver l'ennemi. Charles sut y remplir tous ses devoirs,
en se rendant également cher aux alliés et
redoutable aux ennemis.

Mais les desseins du Tout-Puissant sur
les destinées de l'Europe étaient accom-
plis. Les Nations ennemies se rapprochent :
épuisées par leurs défaites ou par leurs
victoires , elles concluent enfin une paix
qui semblait s'éloigner chaque jour de nous,
et réunissent sur la tête de notre premier
Consul la Couronne de Pacificateur à celle
de Conquérant !

Ne pensez pas, mes Frères, que la paix
rendue à l'Europe, inspire à Charles-Emmanuel le goût du repos ; vous jugeriez

mal un caractère comme le sien. L'ancien Monde n'offrait plus de théâtre à son zèle, mais la plus belle de nos Colonies était encore livrée aux horreurs de l'anarchie et de la déprédation.

Il fallait la conquérir sur des rebelles, la rendre aux légitimes propriétaires, et la vivifier par une administration juste et paternelle.

Les talens divers qu'exigeait cette grande entreprise, étaient heureusement réunis dans le Général LECLERC. Aussi prompt à rédiger ses pensées qu'à les concevoir, profondément pénétré des sentimens de l'ordre, de l'exactitude et de la discrétion, d'ailleurs ami de la sobriété, ennemi des plaisirs tumultueux, désintéressé jusqu'à l'insoussiance, il n'avait qu'une passion dont il était dominé, l'amour de la célébrité, pour faire ensuite l'hommage de sa gloire à la Patrie, dans la personne du Héros auquel il avait l'honneur d'appartenir.

Ne nous étonnons pas, mes Frères, s'il justifia pleinement l'attente publique, s'il sut, avant même l'arrivée d'une partie de son Armée, employer rapidement les moyens d'une négociation généreuse, et ceux d'une Milice accoutumée à vaincre ; s'il parvint enfin, dans un court espace de temps, à soumettre St. Domingue.

Les cris d'admiration et de reconnaissance de la Colonie parviennent promp-
tement à la Mère-Patrie, et déjà le Co-
lon s'empresse de se rendre sur sa proprié-
té, le Négociant multiplie ses ressources
pour subvenir aux besoins de St. Domingue, pour rétablir les communications si
nécessaires à la prospérité générale.

L'activité du Guerrier dut alors faire
place à la sagesse de l'Administrateur. Les
Couronnes qu'on obtient dans cette carrière ne peuvent jamais être attribuées aux
faveurs de la fortune ; on les doit toutes
à son talent ; il n'y faut combattre que les
vices, les abus et l'anarchie ; les victoires
qu'on y remporte n'affligent point l'humanité, et n'arrachent jamais de larmes au
vainqueur ; les succès sont le bonheur et
les bénédictions des Peuples.

Quelle moisson de gloire n'appercevez-
vous pas, mes Frères, dans le soin de re-
vivifier cette immense Colonie, de la faire
renaître de ses cendres, d'en bannir l'a-
narchie, d'y rétablir la culture, et de recouvrer pour la Métropole la plus belle de
ses propriétés ?

Mais, hélas ! à peine commençait-il à
courir cette belle carrière, que sa vie précieuse, qu'avait toujours respectée la fu-
reur des combats, est mortellement me-

nacée. Une maladie terrible, le fléau de l'Amérique et l'épouvante de l'Europe, porte soudain ses ravages dans notre Armée.

Vous jugez bien que notre Général appelle aussi-tôt toutes les ressources de l'art, et multiplie les moyens d'une active administration ; mais son zèle ne se borne pas là ; il veut se porter par-tout où il y a des souffrances, il parcourt les Hôpitaux, visite les malades, consulte leurs besoins et leurs desirs, pourvoit à tout ce qu'il est donné à la prudence humaine de prévoir.

Avec quel attendrissement dût - on voir alors un Général humain et sensible, oublier ses périls personnels pour ne s'occuper que de ceux de ses compagnons d'armes ? oh qu'il était digne de leur amour !

Ce courage, vous le savez, suppose encore plus d'intrépidité qu'il n'en faut dans les combats : elle n'est point excitée par les aiguillons puissans qui animent les guerriers, qui inspirent même de la bravoure aux plus timides. Elle s'exerce dans le silence et dans l'obscurité, et n'a point la perspective de ces inappréciables Couronnes qui sont réservées aux triomphateurs.

Mais, ô douleur ! pendant qu'une vie si nécessaire se prodigue ainsi, le Général est atteint lui-même de la contagion.

Je n'entreprendrai pas de vous dépeindre la consternation de l'Armée et de la Colonie : la fatale nouvelle se propage comme l'éclair, l'allarme est générale : on ne voit plus de danger que celui de perdre l'homme au salut de qui est attaché celui de tous les autres.

Cependant le Général paraît seul insensible à sa situation ; il ne souffre qu'avec impatience les ménagemens que son état exige. Toutes ses pensées sont fixées sur un seul objet, le salut de la Colonie ; il dicte les ordres les plus capables de forcer la soumission des Noirs, à qui la maladie du Général avait inspiré de funestes desseins ; que dis-je, il s'arrache à son lit de mort, monte à cheval pour surveiller luimême et assurer le succès de ses dispositions.

Il a pourvu, avant sa dernière heure, à tout ce qui pouvait intéresser la chose publique ; et jusqu'à son dernier soupir, Charles s'est immolé pour la Patrie.

Une seule larme s'est échappée de ses yeux ; elle a coulé pour une Epouse chérie, et pour l'aimable Enfant, fruit d'une si belle union.

Que n'avait-il pas tenté pour la déterminer à se soustraire de bonne heure aux dangers de la contagion ; prières, menaces, ordre, tout avait échoué. Sœur de BONAPARTE, et Epouse de LECLERC, elle est insensible au danger; entourée des plus noirs pressentimens, et jusques sous le bruit du canon, elle a voulu et elle a mérité de partager les périls et la gloire de son illustre Epoux.

Je vous ai tracé, mes Frères, le fidèle tableau de la vie du Général LECLERC, sans chercher à en rehausser les traits : elle n'a pas besoin des couleurs de l'éloquence, et le récit le plus simple de ses actions en est le plus bel éloge.

J'en appelle aux Braves qui m'entendent, et qui ont accompagné LECLERC dans ses travaux militaires; c'est à de tels témoins qu'il convient de diriger le langage de l'histoire, et de fixer l'opinion de la postérité.

Ne nous étonnons donc pas si sa perte a excité un deuil général ; vous le ressentez plus particulièrement encore, vous mes Frères et Concitoyens, qui l'avez vu naguères dans vos murs, chargé de faire respecter les Lois et de rétablir la tranquillité.

De funestes dissentions, fruits naturels des désordres précédens, dont Bonaparte a tari la source pour toujours, de funestes dissentions agitaient encore cette belle contrée ; vous l'avez vu dans des circonstances difficiles développer, à l'âge de 22 ans, une sagesse et une prudence consommées ; son administration lui concilia l'estime de tous les partis ; et sans doute , car les vertus des Chefs sont les germes les plus féconds de celles des Peuples , sans doute le Général LECLERC a préparé dès - lors les heureuses dispositions qui ont rempli mon cœur de consolation lorsque je suis venu exercer parmi vous ma sollicitude Pastorale , dipositions que notre premier Consul a confirmées de plus en plus par son administration ; car je me plais à célébrer ce zèle que j'ai vu éclater de toutes parts pour le sacrifice des ressentimens et la réconciliation des cœurs ; cette affection et oette confiance pour un Gouvernement réparateur, gages certains, j'ose le croire , du retour de l'ancienne prospérité.

Et vous braves Guerriers , dont l'empressement dans ce Temple est pour le Général que nous pleurons l'éloge le plus touchant, vous applaudirez aux regrets que nous venons d'exprimer ; jugez par l'éclat que la Patrie donne à sa reconnaissance, du prix qu'elle attache à vos services. Elle vous invite , et nous vous conjurons d'unir vos prières aux nôtres , pour implorer les miséricordes du Souverain Juge ; vous venez courber vos fronts chargés de lauriers devant l'Être-Suprême, qui tient en ses mains nos destinées.

L'Eternel est le Dieu des Armées comme celui de la Paix. Nos Livres Saints sont remplis des exortations les plus énergiques et les plus propres à inspirer aux Guerriers le courage et la discipline, le sang froid dans les combats, l'humanité dans la victoire ; mais quel prix n'acquèrent-elles pas ces qualités militaires, lorsqu'elles s'unissent aux vertus religieuses : touchante et respectable association que nous contemplons dans nos Bayards, nos Turennes, et tant d'autres Héros, qui ont obtenu ce double titre à la reconnaissance et à la vénération des Peuples.

Eh ! qui de nous n'a pas été profondément ému en voyant dans le noble asyle élevé à l'Armée Française, nos Vétérans mutilés, ou chargés d'années, s'empresser autour des Saints Autels ; et là, dans un respectueux recueillement, offrir à Dieu leurs blessures et leurs services, l'implorer pour leur Patrie terrestre, qui les soutient et les honore, et contempler des yeux de la foi la Céleste Patrie prête à s'ouvrir devant eux.

Honneur encore et reconnaissance à Bonaparte, qui vient de rendre à ces braves Vétérans la jouissance des consolations religieuses.

Résumons en peu de mots , Chrétiens mes Frères , les considérations consolantes que nous suggère cette religieuse cérémonie.

Ici s'évanouissent les pompes et les illusions qui flattaient le plus notre orgueil , elles passent , suivant la parole du Sage , comme l'ombre de nos corps. *Transierunt omnia illa tanquàm umbra :* leur impression n'est pas plus profonde, ni plus durable que n'est celle du navire voguant sur la face des flots. *Tanquàm navis quæ pertransit fluctuantem aquam ,* ou celle de l'oiseau en traversant les airs , *aut tanquàm avis quæ transvolat in aere.* Elles disparaissent devant les vérités éternelles : *ipsi peribunt , tu autem permanes ;* mais en même-temps que la Religion nous éclaire sur le néant des vanités humaines , elle nous apprend à tempérer nôtre deuil et nos afflictions , par l'espoir des récompenses promises à l'homme juste. L'Oracle de la Sagesse divine nous enseigne, que les ames des justes sont sous la main tutélaire de Dieu même, que les angoisses de la mort et les appréhensions qu'inspire au pécheur le passage de cette vie à l'éternité , ne les atteindront point. *Justorum animæ in manu Dei sunt , et non tanget illos tormentum mortis :* Gardons-nous donc de considérer leur mort , comme leur fin dernière : *visi sunt oculis insipientium mori , et æsti-*

*mata est afflictio exitus illorum ;* cette vie présente n'est pour eux qu'un dégré pour parvenir àu séjour de la paix et du bonheur. *Quod à nobis est iter, exterminium, illi autem sunt in pace.* Enfin si les orages dont cette vie est agitée, ont troublé leur bonheur ou leur tranquillité, ils sont dissipés par le ferme espoir de l'immortalité qui les attend. *Et si coràm hominibus tormenta passi sunt, spes illorum immortalitate plena est.*

Bénissons donc, Chrétiens mes Frères, cette Religion Divine, qui donne des motifs d'espérance à ceux qui meurent, et de consolation à ceux qui survivent ; et qui, après nous avoir fait un devoir de servir fidèlement ici-bas la Patrie, assure à tous ceux qui auront été fidèles à ses Saintes Lois, une félicité éternelle.

FIN.

www.ingramcontent.com/pod-product-compliance
Lightning Source LLC
LaVergne TN
LVHW021915180726
843502LV00008B/3088